TÍTULO: Aprende a usar MySQL sin morir en el intento

AUTOR: Jim Orpheus

ISBN: 9781795515849

INDICE

1. INSTALACIÓN DE MYSQL

MySQL es un gestor de bases de datos de fácil utilización que podrás descargar de manera totalmente gratuita desde su página web oficial.

Para ello bájate la versión de *MySQL Installer Community Server* que necesites (aquella desarrollada específicamente para el sistema operativo de tu ordenador) y ejecuta el archivo descargado.

Con el asistente de instalación deberemos instalarnos *MySQL Server* (el servidor) y *MySQL Workbench* (el cliente).

Primero instalamos *MySQL Server*. Al iniciar el instalador se nos abrirá una ventana con una serie de apartados a la izquierda y, a la derecha, los parámetros y opciones que podremos elegir para cada uno de esos apartados.

Para asegurar una correcta instalación iremos apartado a apartado, mostrando las opciones elegidas en el asistente de instalación.

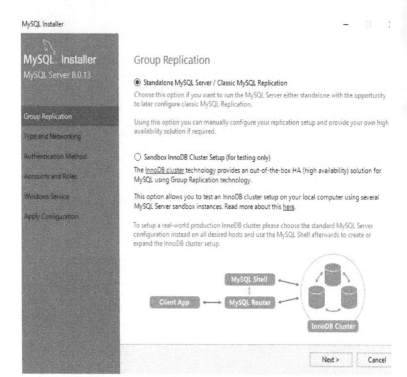

En el apartado *Group Replication*:

- Elegiremos la primera opción, *Standalone MySQL Server/ Classic MySQL Replication*.

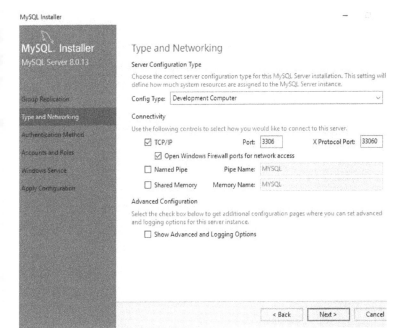

En el apartado *Type and Networking:*

-En la pestaña desplegable de nombre *Config type* seleccionamos *Development computer*

- Marcamos la opción TCP/IP

- Nos aseguramos de que *Port* esté definido como 3306 y *X Protocol Port* como 33060.

- Marcamos la opción *Open Windows Fierewall ports for network access.*

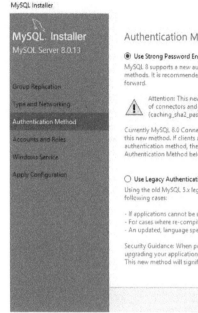

En el apartado *Authentication Method*:

- Elegimos la opción *Use strong password encryptation for authentication (RECOMMENDED).*

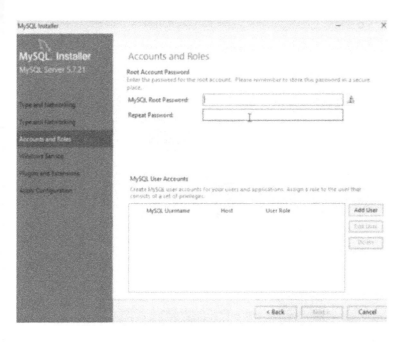

En el apartado *Accounts and roles* se nos pedirá que introduzcamos una contraseña para acceder al servidor que estamos creando:

- Escribimos una contraseña en *MySQL root password*

- Repetimos la contraseña en *Repeat password*

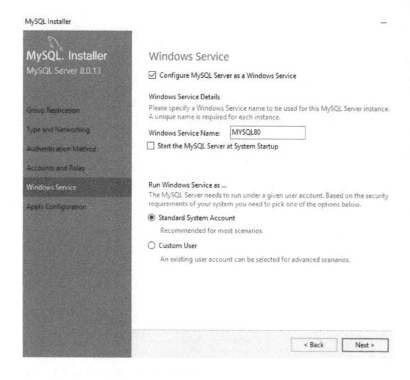

En el apartado *Windows Service*:

- Marcar la opoción *Configure MySQL Server as a Windows Service*.

- Ahora introducimos el nombre que queremos dar al servidor en la casilla de texto de nombre *Windows service name*.

- Seleccionamos la opción *Standar system account.*

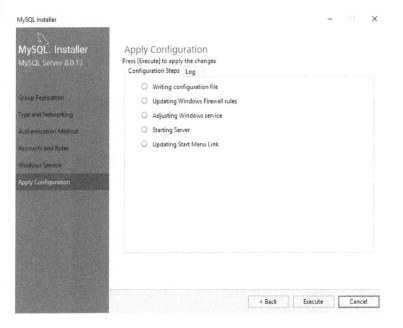

En el apartado *Apply configuration* no marcamos ninguna opción.

Para finalizar hacemos clic en *Execute* y el programa se instalará.

2. ¿CÓMO DISEÑAR UNA BASE DE DATOS?

Para crear bases de datos utilizaremos el software de cliente MySQL Workbench, incluido en el paquete de instalación de MySQL y que podrás descargar de forma gratuita desde su página web oficial.

MySQL Workbench es una herramienta que nos permitirá diseñar nuestras bases de datos de forma visual, así como administrarlas, realizarle labores de mantenimiento y actualización, etc.

Al iniciar MySQL Workbench nos encontraremos con la siguiente pantalla de inicio:

Siguiendo las instrucciones mostradas en la imagen anterior, nos vamos a "MySQL Connections" y hacemos clic en el cuadro donde se muestra el servidor de MySQL previamente creado durante la instalación del programa.

Al hacerlo, el programa nos devolverá una ventana como la anterior donde deberemos introducir la contraseña previamente definida para el servidor de MySQL.

Una vez hecho esto, tendremos acceso al software de cliente, donde podremos comenzar con el diseño de la base de datos.

Pero, antes de comenzar, expliquemos las diferentes partes que podremos encontrarnos en la ventana de ejecución de este programa:

Nos centraremos en tres zonas bien diferenciadas y de gran importancia para nuestro propósito:

- **Ventana de trabajo:** Aquí será donde introduzcamos el código que nos permita diseñar, modificar o consultar nuestra base de datos.

- **Ventana de salida:** en esta ventana se mostrará la ejecución de las instrucciones introducidas en la ventana de trabajo.

Si alguna instrucción no es correcta, en la ventana de trabajo aparecerá el código erróneo subrayado en rojo. Si de todos modos ejecutamos dicho código, se producirá un error que también se mostrará en la ventana de salida.

Gracias a esto podremos ver nuestros errores de sintaxis fácilmente y les podremos buscar una solución.

- **Ventana de vista de esquema:** en esta ventana podremos ver todas las bases de datos creadas y, en forma de esquema de tipo árbol, podremos acceder a las mismas para visualizar las tablas que la conforman y, dentro de cada tabla, cuáles son los atributos que la integran.

Vamos a ver ahora cómo introduciremos el código necesario para diseñar nuestra base de datos en la ventana de trabajo.

El código utilizará un lenguaje de consulta estructurada o "Structured Query Language" en inglés, o, si utilizamos sus siglas, un lenguaje SQL. Seguro que escrito de este modo te suena más que todo lo anterior.

A la hora de introducir las instrucciones propias de este lenguaje mediante el uso de **palabras reservadas**, las escribiremos en mayúscula. Esto no es obligatorio y Workbench ejecutará igualmente aquellas instrucciones introducidas en minúsculas, pero sí es una práctica aconsejable (una buena praxis informática) que facilitará el entendimiento del código con una simple visualización.

Por cierto, en los lenguajes de programación, una palabra reservada es un identificador predefinido a la que el lenguaje tiene asignado un significado especial. Algunos ejemplos serían CREATE, DROP, ALTER, USE…

Además, dichas palabras reservadas aparecerán escritas en color azul (adquirirán este color automáticamente) para facilitar aún más su visualización.

El resto de palabras (aquellas relativas a los nombres de las bases de datos, tablas, atributos y valores) se escribirán en minúsculas o mayúsculas, indistintamente, según requiera la situación. Por supuesto, el nombre de estos elementos no podrá ser jamás igual al de una palabra reservada (no puede existir una tabla que se llame "create").

Para ejecutar una o varias líneas de código introducidas en nuestra ventana de trabajo tendremos que proceder del siguiente modo.

1. Escribimos el código que queremos ejecutar y nos aseguramos de que no existan errores sintácticos.

2. Subrayamos el código que queremos ejecutar. Para ello utilizamos el puntero del ratón. Lo situamos al comienzo del código en cuestión y, haciendo clic en el botón derecho, arrastramos el puntero hasta el final del mismo.

3. Hacemos clic en el botón "execute" ubicado en la barra de herramientas.

También podemos ejecutar todo el código existente en la ventana de trabajo haciendo clic directamente en el botón "execute", sin seleccionar nada.

Una vez hecho esto, veremos los resultados de la ejecución en la ventana de salida

3. CREAR BASES DE DATOS

Empecemos con el diseño de nuestra base de datos.

Lo primero que tenemos que hacer para comenzar a trabajar con Workbench es crear una nueva base de datos sobre la que, posteriormente, crearemos nuestras tablas.

Para ello utilizaremos el siguiente comando:

CREATE DATABASE "nombre de la base de datos";

Al ejecutar esta línea de código, nuestra base de datos quedará creada, aunque vacía. Veamos un ejemplo:

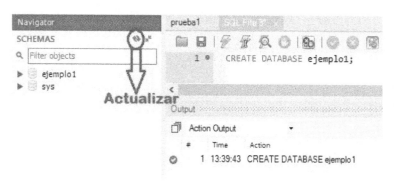

Como puedes ver, hemos introducido el código en la ventana de trabajo, denominando a la nueva base de datos como "ejemplo1", y, acto seguido, lo hemos ejecutado (seleccionamos con el ratón y hacemos clic en el botón "ejecutar").

Como resultado, podemos ver que la ventana de salida nos devuelve un mensaje anunciando que el código ha sido ejecutado correctamente (el tic verde de la izquierda de la línea de texto indica que todo es correcto).

Ahora, si miramos en la ventana de vista de esquema, veremos que aparece la nueva base de datos recién creada.

¿Qué sucede? ¿Es que no la ves? Claro, para poder ver los cambios realizados en las bases de datos en esta vista deberás pulsar primero en el botón "actualizar", ubicado arriba a la derecha de la ventana (he remarcado el botón en la imagen para que no tengas problemas en encontrarlo).

4. CÓDIGO ASOCIADO A DATABASE

Hay cuatro instrucciones muy útiles que podemos utilizar en combinación con la palabra reservada "DATABASE" y que debemos conocer para trabajar en Workbench.

SHOW DATABASES;

Gracias a esta instrucción podremos visualizar todas las bases de datos que hemos creado hasta el momento.

Observa este ejemplo. Hemos creado una nueva base de datos a la que hemos llamado "ejemplo2". Para ello hemos seguido las mismas instrucciones del punto anterior

Luego hemos introducido el código ""SHOW DATABASES;" y lo hemos ejecutado. Al hacerlo se ha abierto una venta de resultado donde se muestran todas las bases de datos existentes. Ahí podemos ver nuestras bases de datos recién creadas, "ejemplo1" y "ejemplo2", así como el resto de bases de datos existentes en Workbench por defecto y a las cuales no prestaremos mayor atención.

Observa que tendrás que ejecutar solo la línea de código del "SHOW". Si ejecutas todas las líneas desde el principio otra vez obtendrás un error. Esto es debido a que las bases de datos "ejemplo1" y "ejemplo2" ya existen y la instrucción "CREATE" no puede llevarse a cabo.

Un truco para evitar esto es añadir la instrucción "IF NOT EXIST" de la siguiente manera:

CREATE DATABASE IF NOT EXISTS ejemplo1;

Con la misma, al ejecutar un código de "CREATE", este solo se ejecutará si el objeto a crear (en este caso la base de datos) no existe. En el caso de que el objeto que se pretende crear ya exista, la ejecución simplemente no realizará la acción de crear, se la saltará pero no se producirá error alguno y, por lo tanto, la ejecución del código continuará.

Veamos en un ejemplo lo que sucede si intentamos volver a crear la base de datos "ejemplo1" sin más:

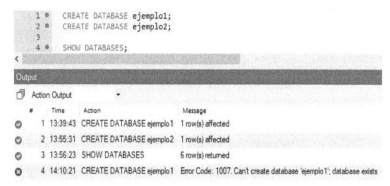

Como vemos obtenemos un error y la ejecución se detiene. Probemos ahora con la nueva instrucción:

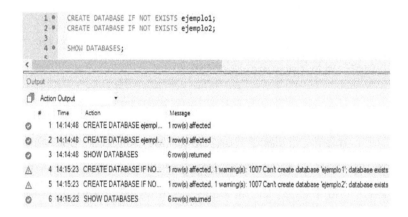

Como se puede comprobar, la ventana de salida nos devuelve dos advertencias en las que nos indica que las bases de datos "ejemplo1" y "ejemplo2" no se han podido crear porque ya existen. Sin embargo la ejecución del código no se ha visto interrumpida por este inconveniente y ha seguido ejecutándose a pesar de ello.

DROP DATABASE **"nombre"**;

Gracias a esta instrucción podremos eliminar una base de datos previamente creada.

Vamos, por ejemplo, a eliminar la base de datos "ejemplo2" que creamos en el ejemplo anterior.

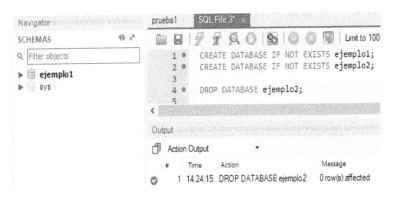

Como podemos ver, tras ejecutar la instrucción del "DROP" la base de datos "ejemplo2" se elimina y desaparece de la ventana de vista de esquema.

Hay que tener mucho cuidado a la hora de utilizar la instrucción "DROP", ya que la misma es **irreversible**. Esto quiere decir que si eliminamos una base de datos (o una tabla, aunque eso lo veremos más adelante), no podremos recuperarla de ninguna forma y toda la información se perderá para siempre.

Por eso debes andarte con ojo al utilizar un "DROP" y estar totalmente seguro de que lo quieres ejecutar antes de hacerlo.

USE **"nombre";**

Utilizaremos esta instrucción junto al nombre de una base de datos previamente creada.

Esta es una instrucción esencial sin la cual no podremos trabajar sobre las bases de datos.

Al ejecutarla, le estamos diciendo al programa que acceda a la base de datos que se está invocando para comenzar a usarla. De este modo, podremos aplicar nuevas instrucciones a la base de datos seleccionada y podremos comenzar su diseño, añadiéndole tablas con sus respectivos atributos y valores.

Por ejemplo, vamos a decirle al programa que queremos utilizar la base de datos "ejemplo1" de la siguiente forma:

```
1 •   CREATE DATABASE IF NOT EXISTS ejemplo1;
2 •   CREATE DATABASE IF NOT EXISTS ejemplo2;
3
4 •   DROP DATABASE ejemplo2;
5
6 •   USE ejemplo1;
7
```

Output

Action Output ▾

#	Time	Action	Message
✓ 1	14:35:51	USE ejemplo1	0 row(s) affected

En la ventana de salida se nos indica que el código ha sido ejecutado correctamente, lo cual quiere decir que, desde este mismo momento, nuestra base de datos "ejemplo1" está en uso y que cualquier instrucción que introduzcamos a partir de ahora se aplicará sobre la misma.

Esto nos permitirá comenzar a introducir código con el que comenzar su diseño.

SHOW TABLES;

Antes de ejecutar esta instrucción debemos haber comenzado a usar una base de datos mediante la instrucción anterior (USE).

Al ejecutar esta instrucción se nos abrirá una ventana de resultado donde se mostrarán todas las tablas pertenecientes a la base de datos que actualmente está siendo usada.

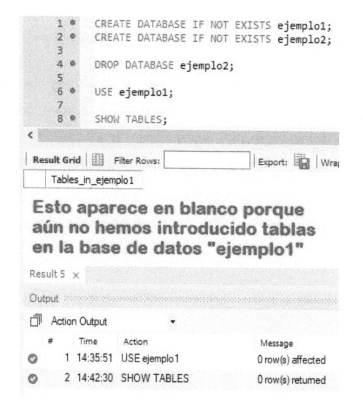

La imagen anterior es un ejemplo en el que hemos pedido al programa que nos muestre las tablas que posee nuestra base de datos "ejemplo1".

Como puedes ver, la ventana de resultado no muestra nada. Esto es debido a que aún no hemos introducido ninguna tabla a la base de datos.

Si hubiéramos introducido alguna tabla se nos mostraría, en la columna "Tables_in_ejemplo1", una fila por cada tabla en la que aparecería su respectivo nombre.

Pero eso lo veremos más adelante.

Ahora vamos a aprender a crear tablas pertenecientes a una base de datos, pero primero deberemos pararnos a ver qué son los tipos de datos y cuáles son los que más utilizaremos en el lenguaje SQL.

5. TIPOS DE DATOS

Cada columna almacenará una serie de valores. Estos estarán relacionados entre sí y todos ellos pertenecerán a un mismo tipo de dato concreto.

Podemos decir que todo valor podrá clasificarse dentro de un tipo de dato concreto. Cada tipo de dato se establece dentro de un rango de elementos predefinidos.

Veamos ahora cuáles son los tipos de datos más utilizados en MySQL:

- VARCHAR: Nos permite introducir **cadenas alfanuméricas**, es decir, cadenas de texto, numéricas o mixtas. Es perfecto para introducir atributos como nombres, direcciones, documentos de identidad, etc.

- INT: nos permitirá almacenar valores de tipo numérico, en concreto **números enteros** (sin decimales), que se encuentren entre -2.147.483.648 y +2.147.483.648. Nos irá muy bien para introducir atributos como edad, cantidad de unidades no divisibles, etc.

- DOUBLE: nos permitirá almacenar valores numéricos con **decimales** (o de coma flotante como se les llama en informática). La cantidad de decimales que admite se deberá definir entre 25 y 53. Será muy útil para almacenar datos monetarios como precios, saldos, etc.

A la hora de definir un atributo de tipo DOUBLE tendremos que establecer la longitud de su parte entera y su parte decimal. Para ellos, en la zona entre paréntesis en la que definiremos su longitud (veremos un poco más adelante a qué nos referimos), tendremos que establecer primero la longitud de la parte entera seguido de una coma y, después de la misma, la longitud de la parte decimal.

Por ejemplo, un número con una parte entera de longitud igual a 6 cifras y una parte decimal de longitud igual a 2 decimales se definiría como DOUBLE (6,2).

- DATE: este tipo de dato nos permitirá almacenar **fechas**. Tiene al tamaño propicio para almacenar un dato donde se registe el año, el mes y el día. El formato con el que se introducirán estos datos será 'aaaammdd', donde 'aaaa' será el año, 'mm' será el mes y 'dd' será el día.

Por ejemplo, el 17 de diciembre de 2018 se almacenará como '20181217'

También existe el tipo DATATIME, que además de todo lo anterior también almacena la hora.

Por supuesto, aparte de estos tipos de datos existen muchos más. Nosotros nos valdremos de los que hemos presentado, pero eso no significa que sean los más correctos. Simplemente lo haremos así para simplificar y poder aprender a manejar una base de datos lo antes posible.

6. CREAR TABLAS

Para crear una tabla dentro de la base de datos que actualmente tengamos en uso tendremos que introducir la instrucción CREATE TABLE.

Dentro de la misma se definirán las **columnas** y, posteriormente, las **restricciones** (más adelante veremos qué significa esto).

En conclusión, el código que necesitamos para generar una tabla es el siguiente:

CREATE TABLE "nombre" (

Definición de columnas,

Definición de restricciones

);

Vista esta estructura genérica, vamos a pasar a explicar el modo en que se definen las columnas y las restricciones de una tabla.

7. DEFINICIÓN DE COLUMNAS

Cada uno de los atributos que forme parte de una tabla originará una columna:

Atributo 1	Atributo 2	Atributo 3	Atributo 4
Columna 1	Columna 2	Columna 3	Columna 4

Para definir una columna tendremos que poner el nombre de la columna, el tipo de dato de los valores que almacenará (escrito en mayúsculas y en color azul) y, en el caso de que corresponda, la longitud del dato almacenado (en color naranja y entre paréntesis).

Además, cada código de cada columna estará separada de la siguiente por medio de una coma.

De modo que la sintaxis que utilizaremos para crear una columna será la siguiente:

"nombre" TIPO (longitud),

Intestémoslo con un ejemplo. Vamos a crear una tabla que recoja la información sobre todos los miembros de una asociación.

Llamaremos a la tabla Miembros_asociación y a la misma le introduciremos los siguientes atributos: DNI, nombre, apellidos, fecha de inscripción y el dinero aportado.

Para realizarla aplicaremos el siguiente código:

```
CREATE TABLE Miembros_asociación (

        DNI     VARCHAR (9),

        Nombre VARCHAR (25),

        Apellidos VARCHAR (30),

        Fecha_Inscripcion DATE,

        Dinero_aportado DOUBLE (4,2)

);
```

Primero creamos la tabla mediante la instrucción CREATE TABLE y establecemos el nombre de la tabla. Ahora abrimos paréntesis y en su interior definimos todos los atributos de la tabla, es decir, todas las columnas que la integrarán.

Para facilitar la comprensión del código escribiremos una columna por cada línea de código.

Primero establecemos el nombre de la columna, luego el tipo de dato que almacena y, por último, la longitud del valor.

Por ejemplo, en el "DNI" almacenaremos una cadena alfanumérica de una longitud de 9 caracteres, por lo que establecemos VARCHAR como tipo de dato y (9) como longitud.

Como puedes ver el atributo Fecha_Inscripción es de tipo DATE y, en este caso, no es preciso definir una longitud ya que este tipo de dato ya tiene un formato preestablecido ('aaaammdd').

En el caso del atributo Dinero_aportado definimos el tipo DOUBLE para poder introducir números decimales que determinen exactamente el dinero aportado por cada miembro. En su longitud establecemos primero la longitud de su parte entera (la hemos definido en 4 porque suponemos que ninguno de los socios aportará más de 9.999 €) y luego la longitud de su parte decimal (que hemos definido en 2 ya que queremos que tenga dos decimales). De modo que la longitud queda como $(4,2)$ y almacenará valores del tipo 1.230,54.

8. DEFINIR RESTRICCIONES

Las restricciones (**CONSTRAINT**) son reglas que le impondremos al gestor de la base de datos y gracias a las cuales podremos asegurar la integridad de los datos almacenados en nuestras bases de datos.

Estas restricciones podrán ser definidas de dos formas, las cuales ejemplificaremos utilizando como ejemplo la restricción PRIMARY KEY:

- Después de definir todas las columnas:

    CREATE TABLE Tabla1 (

    Atributo1 VARCHAR (10),

    Atributo2 INT (5)

    PRIMARY KEY (Atributo1)

    );

- En el mismo bloque de definición de las columnas:

    CREATE TABLE Tabla1 (

    Atributo1 VARCHAR (10) PRIMARY KEY,

    Atributo2 INT (5)

    );

Las restricciones más utilizadas son:

- PRIMARY KEY: Gracias a esta restricción podremos definir cuáles de los atributos introducidos anteriormente conforma la **clave primaria** de la tabla.

Una clave primaria es un atributo cuyos valores nunca podrán repetirse y que servirá como un identificador único.

El DNI, por ejemplo, sería una buena clave primaria para identificar a cada una de las personas que integran una tabla de miembros, ya que jamás existirán dos personas con el mimo DNI.

La definiremos mediante la siguiente sintaxis:

Atributo TipoDato (Longitud),

PRIMARY KEY (Atributo)

O

Atributo TipoDato (Longitud) PRIMARY KEY

Pongamos como ejemplo un atributo de nombre DNI:

DNI VARCHAR (9),

PRIMARY KEY (DNI)

O

DNI VARCHAR (9) PRIMARY KEY

- NOT NULL: Aplicando esta restricción a una columna, nos aseguraremos de que dicha columna no acepte valores NULL , es decir, que la columna en cuestión siempre deberá tener algún valor y no podrá estar nunca vacía.

La definiremos mediante la siguiente sintaxis:

Atributo TipoDato (Longitud) NOT NULL

Imaginemos que no queremos que el atributo "Nombre" de una tabla de miembros quede en blanco, ya que cada miembro debe tener un nombre. Lo haremos así:

Nombre VARCHAR (30) NOT NULL

- DEFAULT: Si un atributo no tiene un valor específico y se le aplica esta restricción, el valor de ese atributo cambiará al valor que le pasemos por el DEFAULT.

Utilizará la siguiente sintaxis:

Atributo TipoDato (Longuitud) DEFAULT ValorDefault

Imaginemos que tenemos un atributo que recoja la fecha de inscripción de cada miembro y que, en el caso de que el valor quede en banco, el DEFAULT introducirá la fecha en que se inauguró la asociación de la que forman parte los miembros:

Fecha_inscripción DATE DEFAULT '20151028'

- FOREIGN KEY: Con esta restricción podremos crear una clave foránea, o lo que es lo mismo, podremos enlazar uno de los atributos de la tabla en que nos encontremos con la clave primaria de otra tabla.

Imaginemos que tenemos una tabla llamada "Personas" en la que se almacenan diferentes atributos de las diferentes personas que integran la tabla (DNI, nombre, apellidos, edad y sexo) y que la clave primaria de la misma es el atributo "DNI".

Además de eso, en la misma base de datos, disponemos de otra tabla llamada "Conductores" en la que se almacena cierta información (número de licencia, vehículo que conducen, fecha de expedición de la licencia y DNI) relativa a las personas que integran la base de datos y que son conductores. El atributo "Número de licencia de conducción" será la clave primaria de esta tabla, pero también está incluido el atributo "DNI" en "Conductores".

Si declaramos "DNI" como una clave foránea en la tabla "Conductores" y la enlazamos con el atributo "DNI" de la tabla "Personas" podremos crear una relación directa entre ambas tablas y obtener todos los datos de la tabla "Personas" relativos a cada conductor. Por ejemplo, podremos saber la edad o el sexo de cada conductor, datos que en principio no estaban en la tabla "Conductores".

Definiremos esta restricción mediante la siguiente sintaxis:

CONSTRAINT nombre de la restricción

FOREIGN KEY (Atributo)

REFERENCES tabla de referencia (clave primaria)

Como podemos ver, después de CONSTRAINT deberemos asignarle un nombre a nuestra restricción (el que quieras, aunque normalmente se escribe "FKTabla1_Tabla2", cambiando Tabla1 y Tabla2 por los respectivos nombres de las tablas que estemos relacionando).

Después de FOREIGN KEY debemos indicar el atributo de la tabla en la que estemos trabajando que se va a enlazar con la clave primaria de la otra tabla (es decir, el atributo que hace de clave foránea).

Por último, después de REFERENCES indicaremos la tabla a la que se está referenciando (es decir, la tabla con la que queremos enlazar) y después añadimos la clave primaria de la misma con la que se enlaza la clave foránea.

Si ponemos como ejemplo la anterior tabla "Conductores", el resultado de definirla con todos los atributos enumerados anteriormente y con la restricción propuesta sería algo así:

```
CREATE TABLE Conductores (

    NumLicencia INT (15) PRIMARY KEY,

    Vehículo VARCHAR (25),

    FechaExpedición DATE,

    DNI VARCHAR (9),

    CONSTRAINT FKConductores_Personas

    FOREIGN KEY DNI

    REFERENCES Personas(DNI)

);
```

9. MODIFICAR TABLAS

Para modificar una tabla que previamente hayamos creado deberemos utilizar el comando ALTER TABLE. Para ello seguiremos la siguiente sintaxis:

ALTER TABLE nombre de la tabla

Código relativo a la modificación;

Las modificaciones que realizaremos serán básicamente de dos tipos:

- DROP → para eliminar algo que hayamos incluido en nuestra tabla. Por ejemplo una columna (DROP COLUMN), una clave primaria (DROP PRIMARY KEY), una restricción (DROP CONSTRAIN), etc.

- ADD → para añadir algún elemento a nuestra tabla. Por ejemplo una columna (ADD COLUM), una clave primaria (ADD PRIMARY KEY), una restricción (ADD CONSTRAIN), etc.

Veamos algunos ejemplos que nos ayuden a ejemplificar todo lo anterior. Para ello supongamos que tenemos una tabla llamada "Personas" con los atributos "DNI" (clave primaria), "nombre", "apellidos" y "codigoSocio".

```
CREATE TABLE Personas(

    DNI VARCHAR (9),

    nombre VARCHAR (15),

    apellidos VARCHAR (25),

    codigoSocio INT (5)

);
```

Supongamos que queremos eliminar la columna "apellidos":

```
ALTER TABLE Personas

DROP COLUMN apellidos;
```

En el supuesto de que quisiéramos eliminar la clave primaria de nuestra tabla introduciríamos el siguiente código:

```
ALTER TABLE Personas

DROP PRIMARY KEY;
```

Ahora vamos a añadir una columna llamada "sexo" constituida por una cadena de texto de longitud igual a 10 caracteres:

ALTER TABLE Personas

ADD COLUMN sexo VARCHAR (10);

Ahora probemos a añadir una restricción. Por ejemplo, vamos a definir el atributo "codigoSocio" como una clave foránea relacionada con otra tabla de nombre "Socios" cuya clave primaria es "codigo":

ALTER TABLE Personas

ADD CONSTRAINT FKPersonas_Socios

FOREIGN KEY (codigoSocio)

REFERENCES Socios(codigo);

10. INSERTAR DATOS EN TABLAS

Hasta ahora hemos aprendido a crear una tabla, definiendo sus atributos (que conformarán las columnas de la tabla) y las restricciones aplicables.

Ahora vamos a aprender a introducir los datos pertenecientes a un **registro**. Un registro será el conjunto de valores relativos a cada atributo que quedan relacionados entre sí.

Imaginemos que tenemos la tabla "Personas" y que dicha tabla consta de los siguientes atributos (o columnas): "DNI", "nombre" y "apellidos".

CREATE TABLE **Personas**(

DNI VARCHAR (9) **PRIMARY KEY**,

nombre VARCHAR (15),

apellidos VARCHAR (25)

);

Un registro para dicha tabla sería

(28754753L, Luisa, Fernández Figueroa).

Para realizar esta operación emplearemos la sentencia INSERT INTO y podremos introducir los datos en la tabla de dos formas diferentes:

1. Introduciendo valores para todos los atributos de la tabla. En este caso tendremos que poner el valor de cada una de las columnas que conforman la tabla en orden:

   INSERT INTO nombre_tabla
   VALUES (valor_columna1, valor_columna2, valor_columna3...);

   Siguiendo con el ejemplo anterior, introduciríamos los valores del registro en la tabla "Personas" de la siguiente forma:

   INSERT INTO Personas
   VALUES ('28754753L', 'Luisa', 'Fernández Figueroa');

2. Introduciendo solo el valor de algunos de los atributos de la tabla, pero no de todos. En este caso tendremos que especificar cuáles son los atributos que vamos a introducir y seguiremos la siguiente sintaxis:

INSERT INTO nombre_tabla (columna1, columna2…)
VALUES (valor_columna1, valor_columna2…);

Para ejemplificar esto, supongamos que en el ejemplo anterior no conocemos los apellidos de la persona y, efectivamente, la tabla admite valores nulos. Solo introduciremos el valor del DNI y del nombre:

INSERT INTO Personas (DNI, nombre)
VALUES ('28754753L', 'Luisa');

En este caso los datos del registro quedarían almacenados en la base de datos de la siguiente forma:

('28754753L', 'Luisa', NULL)

NULL es la forma que adopta un atributo cuando no hay ningún valor almacenado en su interior. Hay atributos que se definirán con la restricción NOT NULL y que, por lo tanto, no admitirán valores de tipo NULL.

11. MODIFICAR DATOS

Para modificar los datos previamente introducidos en una tabla utilizaremos la sentencia UPDATE y seguiremos la siguiente sintaxis:

UPDATE nombre_tabla

SET columna1 = valor1, columna2 = valor2...

WHERE condición;

Tras la sentencia UPDATE indicaremos el nombre de la tabla a la que afectará. Luego introducimos el SET y escribimos el nombre de la columna que queremos modificar (o actualizar) seguido de un "=" y el valor que le queremos asignar.

Si queremos modificar más de una columna procederemos a introducir los cambios en la misma forma y de manera sucesiva, separando cada uno de ellos mediante una coma.

Es posible que, si intentar introducir el código que planteamos en este apartado en tu gestor de bases de datos, el mismo no se ejecute y recibas un mensaje de **error** en la ventana de salida.

El mensaje de error debería indicar algo así como que estás usando el modo de modificaciones seguras (*you are using safe update mode*) y no se permiten realizar cambios sin incluir una condición que aluda a una clave primaria.

Para solucionar esto deberás seguir los siguientes pasos:

1. En la barra de herramientas haz clic en "Edit" y luego, en la pestaña desplegable, en "Preferences".

2. Se abrirá una nueva ventana y, en la columna de la izquierda, se deberá hacer clic en "SQL Editor".

3. Aparecerán varias opciones referentes al editor SQL. Si nos desplazamos hasta el fondo veremos la opción "Safe Updates", cuya caja estará marcada con una cruz. Desmarcamos esa opción y aceptamos los cambios haciendo clic en OK.

4. Ahora debemos reconectarnos al servidor para que los cambios se hagan patentes. Para ello nos vamos a "Query" en la barra de herramientas y hacemos clic en "Reconnect to Server".

A continuación podremos poner una condición o prescindir de ella. Si no ponemos una condición, se modificarán todos los valores de la columna especificada, adquiriendo el valor que hayamos indicado en todos los registros de la tabla.

Para incluir una condición introduciremos un WHERE y escribiremos el código correspondiente a la condición que queramos definir.

Veamos algunos ejemplos. Para ello vamos a definir la tabla "hoteles", que poseerá un total de cuatro atributos: "codigoHotel", "nombre", "dirección" y "habitaciones".

```
CREATE TABLE hoteles(

        codigoHotel INT (9) PRIMARY KEY,

        nombre VARCHAR (30),

        dirección VARCHAR (50),

        habitaciones INT (3)
);
```

Ahora vamos a introducir los datos correspondientes a tres hoteles de la siguiente forma:

```
INSERT INTO hoteles VALUES (001, 'hotel Grande', 'Calle falsa 123', 125);

INSERT INTO hoteles VALUES (002, 'hotel Pequeño', 'Calle larga 23', 55);

INSERT INTO hoteles VALUES (003, 'hotel Mediano', 'Avenida principal 31', 80);
```

El resultado que obtendríamos sería una tabla como la siguiente:

codigoHotel	nombre	dirección	Habitaciones
001	Hotel Grande	Calle falsa 123	125
002	Hotel Pequeño	Calle larga 23	55
003	Hotel Mediano	Avenida principal 32	80

Supongamos que queremos cambiar el número de habitaciones de todos los hoteles, fijando el valor en 50. Para ello introduciremos el siguiente código:

```
UPDATE hoteles

SET habitaciones = 50;
```

En este caso, al no haber definido ninguna condición, toda la columna "habitaciones" cambiará su valor a 50, quedando la tabla tal que así:

codigoHotel	nombre	dirección	Habitaciones
001	Hotel Grande	Calle falsa 123	**50**
002	Hotel Pequeño	Calle larga 23	**50**
003	Hotel Mediano	Avenida principal 32	**50**

Ahora hagamos como si ese último ejemplo nunca hubiera pasado e imaginemos que "hotel Mediano" realiza una reforma para ampliar su capacidad de 80 a 100 habitaciones. En tal caso definiríamos la modificación de la siguiente forma:

UPDATE hoteles

SET habitaciones = 100

WHERE nombre = 'hotel Mediano';

En este caso hemos definido la condición, después del WHERE, en la que se establece que únicamente se aplicará el cambio propuesto en el SET en aquellos registros de la tabla "hoteles" cuyo nombre sea igual a "hotel Mediano".

De este modo, la tabla resultante en este caso quedaría de la siguiente forma:

codigoHotel	nombre	dirección	Habitaciones
001	Hotel Grande	Calle falsa 123	125
002	Hotel Pequeño	Calle larga 23	55
003	Hotel Mediano	Avenida principal 32	**100**

12. ELIMINAR REGISTROS

Para eliminar un registro que previamente hayamos registrado en una tabla usaremos DELETE FROM seguido del nombre de la tabla de la que queremos eliminar el registro y, a continuación, haremos uso de un WHERE para definir la condición que se deberá cumplir para eliminar dicho registro.

En definitiva, la sintaxis a usar sería la siguiente:

DELETE FROM nombre_tabla

WHERE condición;

Volvamos al ejemplo utilizado en el apartado anterior y utilicemos una vez más la tabla "hoteles" como ejemplo. Supongamos que "hotel Pequeño" se ha ido a la quiebra y el hotel ha dejado de existir, motivo por el que queremos eliminar todos los datos relativos a dicho hotel (su registro). Para ello introduciremos el siguiente código:

DELETE FROM hoteles

WHERE nombre = 'hotel Pequeño';

Básicamente le estamos pidiendo al programa que borre de la tabla "hoteles" todo registro en el que el atributo nombre se corresponda con "hotel pequeño".

13. CONSULTAS

Para realizar consultas a una base de datos utilizaremos la instrucción SELECT. Con ella podremos obtener información de los datos almacenados en nuestra base de datos, por lo que es extremadamente importante.

Un SELECT siempre irá acompañado del nombre del atributo (o atributos) que se desea seleccionar y, por supuesto, de un FROM que identifique a la tabla sobre la que se va a hacer la selección.

La sintaxis a seguir será la siguiente:

SELECT columna1, columna2…

FROM nombre_tabla;

Si volvemos a la tabla "hoteles" utilizada anteriormente y le aplicamos la siguiente consulta:

SELECT nombre

FROM hoteles;

Le estaremos pidiendo al gesto de bases de datos que nos muestre los valores que adquiere el atributo "nombre" en la tabla "hoteles".

El resultado mostrará una tabla con los diferentes nombres de hoteles almacenados en la tabla, es decir, algo tal que así:

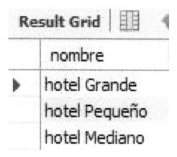

También podremos seleccionar varios atributos al mismo tiempo. Por ejemplo, vamos a seleccionar ahora el nombre y la dirección de los hoteles almacenados en la tabla:

SELECT nombre, dirección

FROM hoteles;

El resultado obtenido será el siguiente:

nombre	dirección
hotel Grande	Calle falsa 123
hotel Pequeño	Calle larga 23
hotel Mediano	Avenida principal 31

Una opción de gran utilidad es seleccionar todos los atributos de una tabla. En el lenguaje SQL el símbolo * (asterisco) representa todo. De modo que si introducimos el siguiente código…

SELECT *

FROM nombre_tabla;

… Estaremos pidiéndole al programa que nos muestre la tabla a la que nos refiramos en el FROM al completo.

Por ejemplo, pidámosle al gestor de bases de datos que nos muestre la tabla "hoteles" al completo:

SELECT *

FROM hoteles;

El resultado será:

codigoHotel	nombre	dirección	habitaciones
1	hotel Grande	Calle falsa 123	125
2	hotel Pequeño	Calle larga 23	55
3	hotel Mediano	Avenida principal 31	80
NULL	NULL	NULL	NULL

14. AÑADIR RESTRICCIONES A LAS CONSULTAS

En este apartado aprenderemos a agregar restricciones a nuestras consultas y, cuando decimos restricciones, nos estaremos refiriendo a definir unas condiciones que se deberán cumplir para llevar a cabo la selección.

Para declarar esas condiciones utilizaremos, como no puede ser de otro modo, la instrucción WHERE.

De modo que la sintaxis que usaremos será la siguiente:

SELECT columna1, columna2…

FROM nombre_tabla

WHERE condición;

A simple vista puede parecer que la cosa se complica (¡tres líneas de código! ¡Menuda locura!), pero para nada es así. Si te fijas en el contenido de cada línea lo único que hacemos es pedirle al programa que nos selecciones los valores de las columnas que le especifiquemos (línea 1) pertenecientes a la tabla que nombremos (línea 2) siempre y cuando se cumpla la condición (o condiciones) que definamos (línea 3).

Volvamos a la tabla "hoteles" y probemos con un ejemplo. Vamos a pedirle que nos proporcione el nombre de aquellos hoteles que tengan más de 60 habitaciones:

SELECT nombre

FROM hoteles

WHERE habitaciones > 60;

El resultado obtenido será:

	nombre
▶	hotel Grande
	hotel Mediano

Por supuesto, "hotel Pequeño" quedará fuera de la selección puesto que solo posee 55 habitaciones. Como puedes comprobar puedes utilizar operadores del tipo > (mayor que) o < (menor que).

Probemos con otros ejemplos. Vamos a seleccionar ahora el nombre y la dirección de los hoteles que tengan su dirección en una calle. Para ello vamos a utilizar LIKE (que podríamos traducir como "como" o "similar") y el símbolo % que sustituirá a una cadena de texto cualquiera.

LIKE permitirá hacer una búsqueda en función a un patrón en lugar de especificar exactamente lo que se desea buscar.

SELECT nombre, dirección

FROM hoteles

WHERE dirección LIKE 'calle%';

De esta forma le pedimos al programa que seleccione el "nombre" y la "dirección" de la tabla "hoteles" siempre que se cumpla la condición de que el atributo de "dirección" sea igual a "calle" seguido de "algo" (%).

El resultado obtenido será:

	nombre	dirección
▶	hotel Grande	Calle falsa 123
	hotel Pequeño	Calle larga 23

Hotel mediano quedará fuera de la selección debido a que se ubica en una avenida y no en una calle.

Estaría bien que supiera que también existe la instrucción NOT LIKE, que básicamente es una cláusula que determina la condición de que algo "no sea como" otra cosa.

Por último vamos a probar a enlazar dos condiciones en la misma consulta. Para hacer esto utilizaremos la instrucción AND, es decir, "y" en español.

Intentemos seleccionar el nombre, la dirección y el número de habitaciones de aquellos hoteles que tengan más de 60 habitaciones y que no se encuentren en una avenida (es decir, que "dirección" no sea como "avenida" seguido de "algo"):

SELECT nombre, dirección, habitaciones

FROM hoteles

WHERE habitaciones > 60 AND dirección NOT LIKE 'avenida%';

El resultado obtenido será:

	nombre	dirección	habitaciones
▶	hotel Grande	Calle falsa 123	125

Hotel pequeño queda fuera de la selección debido a que tiene menos de 60 habitaciones y hotel Mediano tampoco ha sido seleccionado ya que se ubica en una avenida.

15. ORDENAR LOS RESULTADOS DE UNA CONSULTA

Los datos que resulten de llevar a cabo una consulta podrán ser ordenados mediante la instrucción ORDER BY.

Cuando usemos ORDER BY deberemos hacerlo asociado a una columna de la tabla. Las selecciones de la consulta se ordenarán en base a los valores de esa columna.

Por defecto, los valores se ordenarán de manera descendente, pero se podrá cambiar para que se ordene de manera ascendente. Para ello, después de definir el ORDER BY podremos especificar el orden ascendente o descendente de la ordenación agregando un ASC para indicar que se ordene de forma ascendente (no será necesario ya que es la opción por defecto) o un DESC para indicar que se ordene de forma descendente.

En definitiva, la sintaxis será la siguiente:

SELECT columna1, columna2…

FROM nombre_tabla

WHERE condición

ORDER BY nombre_columna ASC / DESC;

Probemos a poner en práctica esta sintaxis. Vamos a seleccionar el nombre, la dirección y el número de habitaciones de los hoteles de la tabla "hoteles" que tengan más de 60 habitaciones, ordenando los resultados alfabéticamente en función al nombre y de manera descendente:

SELECT nombre, dirección, habitaciones

FROM hoteles

WHERE habitaciones > 60

ORDER BY nombre DESC;

El resultado obtenido será:

nombre	dirección	habitaciones
hotel Mediano	Avenida principal 31	80
hotel Grande	Calle falsa 123	125

"hotel Pequeño" queda fuera de la selección debido a la condición impuesta por el WHERE (tiene menos de 60 habitaciones). Por lo demás, los resultados se muestran ordenados por el nombre de forma descendente (de la Z a la A), motivo por el que aparece primero "hotel Mediano" y después "Hotel Grande" (de la Z a la A, M va antes que G).

16. FUNCIONES ARITMÉTICAS

A continuación veremos cómo incluir funciones aritméticas a través del lenguaje SQL. Veremos solo las más sencillas, es decir, aquellas que hacen referencia a un grupo de valores determinados. Serán muy útiles para realizar estadísticas (máximos y mínimos), conteos, medias, etc.

Para explicar el funcionamiento de estas funciones introduciremos una nueva tabla llamada "productos". En primer lugar definiremos dicha tabla:

```
CREATE TABLE productos (

        código_producto INT (3) PRIMARY KEY,

        nombre VARCHAR (20),

        precio DOUBLE (5,2),

        tipo VARCHAR (15)

);
```

Esta tabla representará los productos que vende una tienda. Ahora vamos a introducir datos en la tabla a través de las siguientes líneas de código:

```sql
INSERT INTO productos

VALUES (001, 'botella de agua', 0.75, 'bebida');

INSERT INTO productos

VALUES (002, 'refresco', 1.05, 'bebida');

INSERT INTO productos

VALUES (003, 'batido', 1.45, 'bebida');

INSERT INTO productos

VALUES (004, 'racimo de plátanos', 2.50, 'fruta');

INSERT INTO productos

VALUES (005, 'kiwis kilo', 3.10, 'fruta');

INSERT INTO productos

VALUES (006, 'naranjas kilo', 2.00, 'fruta');

INSERT INTO productos

VALUES (007, 'chorizo', 2.75, 'embutido');

INSERT INTO productos

VALUES (008, 'salchichón', 2.95, 'embutido');
```

A continuación vamos a pedirle al gestor de bases de datos que nos muestre todo el contenido de la tabla para que nos hagamos una idea de su estructura y de cómo se distribuyen los datos que acabamos de introducir:

SELECT * FROM productos;

código_producto	nombre	precio	tipo
1	botella de agua	0.75	bebida
2	refresco	1.05	bebida
3	batido	1.45	bebida
4	racimo de plátanos	2.50	fruta
5	kiwis kilo	3.10	fruta
6	naranjas kilo	2.00	fruta
7	chorizo	2.75	embutido
8	salchichón	2.95	embutido
NULL	NULL	NULL	NULL

Este tipo de funciones aritméticas se aplica sobre una columna determinada de una tabla determinada y, además, se podrá aplicar una condición (aunque no será obligatorio).

La sintaxis que usaremos para aplicar este tipo de funciones aritméticas es la siguiente:

SELECT función_aritmética(nombre_columna)

FROM nombre_tabla

WHERE condición;

Vamos a ver ahora las diferentes funciones aritméticas que utilizaremos:

- MAX

  Función que nos permite calcular el valor máximo de los registros de un campo seleccionado. Por ejemplo:

  SELECT MAX(precio)

  FROM productos;

  Con este código le pedimos al programa que nos indique cuál es el valor máximo registrado en la columna "precio" de la tabla "productos". El programa nos devolverá el siguiente resultado:

	MAX(precio)
▶	3. 10

El precio más alto de la tabla es 3,10. Como podemos ver, este dato no es demasiado significativo (solo es un número y no nos dice nada). Para obtener unos resultados más relevantes vamos a pedirle al programa que nos indique el nombre del producto con mayor precio y cuál es su precio:

SELECT nombre, MAX(precio)

FROM productos;

El resultado será:

	nombre	MAX(precio)
▶	botella de agua	3. 10

Ahora podemos ver que el precio más alto de la tabla es 3,10€ y que pertenece al producto "botella de agua".

- MIN

  Función que nos permite calcular el valor mínimo de los registros de un campo seleccionado. Funciona de manera similar a la función MAX y la sintaxis sería la siguiente:

  SELECT nombre, MIN(precio)

  FROM productos;

  Con esta consulta le estamos pidiendo al programa que nos proporcione el nombre del producto con menos precio de la tabla "productos", así como cuál es dicho precio. El resultado obtenido será:

nombre	MIN(precio)
▶ botella de agua	0.75

  Y, como podemos comprobar en los valores de la tabla, el menor precio introducido en la misma es, efectivamente, el del producto "botella de agua" y es igual a 0,75€

- COUNT

  Con esta función podremos realizar un conteo de la cantidad de elementos que componen una columna. Es una función muy interesante cuando se utiliza junto a una condición (añadiéndole un WHERE), pero eso lo veremos un poco más adelante.

  La sintaxis sería:

  SELECT COUNT(nombre)

  FROM productos;

  Y como resultado obtendríamos lo siguiente:

  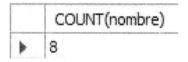

	COUNT(nombre)
▶	8

  Efectivamente, si miramos a la tabla "productos", podremos comprobar que la cantidad de elementos introducidos en la columna "nombre" (es decir, el número de registros introducidos en la tabla) es igual a 8, tal y como nos indica el contado realizado mediante la función COUNT.

- SUM

  Con esta función podremos calcular la suma de una serie de valores.

  Por ejemplo, si queremos sumar los precios de todos los productos de la tabla, la sintaxis a introducir será la siguiente:

  SELECT SUM(precio)

  FROM productos;

  Y el resultado que obtendríamos sería el siguiente:

  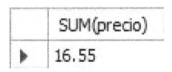

  Básicamente, lo que nos indica esto es que la suma del precio de todos los productos de la tabla es igual a 16,55€.

- AVG

  Esta función permite hacer la media (average = AVG) de un conjunto de valores.

  Por ejemplo, probemos a calcular la media de los precios de todos los productos de la tienda. Para ello introduciremos el siguiente código:

  ```
  SELECT AVG(precio)

  FROM productos;
  ```

  El resultado que obtendríamos sería el siguiente:

	AVG(precio)
▶	2.068750

  Esto nos indica que la media de los precios de todos los productos de la tienda es aproximadamente igual a 2,07€

Las funciones que acabamos de ver son realmente interesantes, pero son mucho más interesantes si incluimos en las consultas ciertas **condiciones**.

Por ejemplo, vamos a consultar cuál es el producto con el precio más alto de la tabla que sea del tipo "bebida":

> SELECT nombre, MAX(precio)
>
> FROM productos
>
> WHERE tipo= 'bebida';

Como puedes ver, las condiciones se introducen mediante instrucciones de tipo WHERE.

En este calo le hemos pedido al programa que nos muestre el nombre y el precio del producto de la tabla "productos" que posea el precio más alto y cuyo tipo sea igual a bebida.

El resultado será:

nombre	MAX(precio)
botella de agua	1.45

Es decir, según este resultado el producto de nombre "botella de agua" es el que tiene un precio mayor de todos los que tienen como atributo "tipo" el valor de "bebida" y el mismo es igual a 1,45€.

Como puedes imaginar, esto puede ser utilizado para realizar todo tipo de consultas interesantes:

¿Cuál es el precio medio del embutido?

> SELECT AVG(precio)
>
> FROM productos
>
> WHERE tipo= 'embutido';

¿Cuántas bebidas de venden en la tienda?

> SELECT COUNT(precio)
>
> FROM productos
>
> WHERE tipo= 'bebida';

¿Cuál es la suma del precio de todas las frutas?

> SELECT SUM(precio)
>
> FROM productos
>
> WHERE tipo= 'fruta';

Compliquemos un poco la cosa. ¿Cuál es la fruta más barata de la tienda que se venda por kilos?

SELECT nombre, MIN(precio)

FROM productos

WHERE tipo= 'fruta' AND nombre LIKE '%kilo%';

En este caso tendremos dos condiciones a aplicar, ambas unificadas mediante un AND.

La primera condición será que el producto sea del tipo fruto.

La segunda será que el nombre del producto incluya la palabra "kilo" en cualquier posición. De ahí viene el hecho de poner "%" antes y después de kilo, para elegir todo aquel producto cuyo nombre posea kilo sin importar si está al principio, al final o en el centro de la cadena de texto.

Básicamente, al escribir nombre "LIKE '%kilo%'" le estamos diciendo al programa que nos busque un nombre que tenga "algo" + "kilo" + "algo".

El resultado será:

	nombre	MIN(precio)
▶	kiwis kilo	2.00

17. SELECCIÓN CON DISTINCIÓN

En este caso hablaremos de la función DISTINCT.

Esta función nos permitirá configurar nuestra consulta para que realice selecciones con distinción, es decir, para que no devuelva valores repetidos.

O lo que es lo mismo, cuando realicemos una consulta que nos devuelva un conjunto de elementos, cada uno de ellos solo se mostrará una vez.

Seguirá la siguiente sintaxis:

SELECT DISTINCT columna1, columna2...

FROM nombre_tabla;

Con este código le indicaremos al programa que nos seleccione con distinción (es decir, sin repetir) los elementos de las columnas especificadas.

Para comprenderlo mejor pasemos a ver un ejemplo y, para ello, vamos a volver a trabaja con la tabla que creamos en el apartado anterior.

Vamos a pedirle al programa que nos diga el nombre de los tipos de productos se venden en la tienda.

Probemos con el siguiente código:

SELECT tipo

FROM producto;

En cuyo caso obtendremos el siguiente resultado:

	tipo
▶	bebida
	bebida
	bebida
	fruta
	fruta
	fruta
	embutido
	embutido

Como podemos ver el nombre de los tipos se repiten. Para evitar tal cosa debemos agregar un DISTINCT de la siguiente forma:

SELECT DISTINCT tipo

FROM producto;

Obteniendo el siguiente resultado:

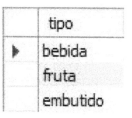

Como podemos ver, el nombre de cada tipo no se repite en ningún momento, consiguiendo así lo que nos proponíamos.

18. DAR NOMBRE A UNA CONSULTA

Cuando realicemos una consulta podremos asignarle un nombre a la misma. De este modo, al obtener la tabla con los resultados, la columna correspondiente a la consulta en cuestión aparecerá con el nombre que le hayamos asignado.

Vamos a probar con un ejemplo fácil. Por ejemplo, trabajando aún sobre la tabla "productos" definida anteriormente, vamos a pedirle al programa que nos indique el nombre del producto más bajo y su precio, tal y como hicimos anteriormente, pero con la salvedad de que esta vez nombraremos a la columna que contenga el nombre del producto como "producto_mas_barato" y la columna que contenga el valor del precio se llamará "precio":

SELECT nombre AS producto_mas_barato, MIN(precio) AS precio

FROM productos;

El resultado será:

	producto_mas_barato	precio
▶	botella de agua	0.75

19. CONSULTAS EN MÁS DE UNA TABLA

Ahora vamos a aprender a realizar consultas que utilicen atributos de tablas diferentes.

Para hacer tal cosa deberemos establecer una condición en la consulta que relacione la clave primaria de una tabla con la clave ajena de otra tabla.

Esta implica que, en la definición de la tabla, deberemos incluir una restricción de clave foránea (CONSTRAIN de tipo FOREIGN KEY).

La sintaxis que se usará en este tipo de consultas es la siguiente:

SELECT tabla1.columna, tabla2.columna…

FROM tabla1, tabla2

WHERE tabla1.clave_primaria=tabla2.clave_ajena;

Antes de nada, vamos a definir dos tablas para poder ejemplificar todo esto.

En primer lugar vamos a crear una nueva tabla llamada "tienda" en la que recojamos 4 atributos: un código de identificación de cada tienda, el nombre, la provincia y la localidad en que se ubica. Para ello introducimos el siguiente código:

```
CREATE TABLE tienda(

        identificador INT (5) PRIMARY KEY,

        nombre VARCHAR (20),

        provincia VARCHAR (20),

        localidad VARCHAR (20)

);
```

Ahora vamos a introducirlo los datos a esta tabla. Para ello definiremos 2 tiendas diferentes en base al siguiente código:

```
INSERT INTO tienda

VALUES (1, 'Tienda Paco', 'Sevilla', 'Sevilla');

INSERT INTO tienda

VALUES (2, 'Tienda Antonio', 'Sevilla', 'Alcalá');
```

Ahora que tenemos esta tabla creada vamos a actualizar la tabla "productos" para añadir una nueva columna que se llame "id_tienda" y que nos relacione esta tabla con la tabla "productos".

Haciendo esto repasaremos algunos de los conceptos que hemos visto anteiormente.

Recordemos primero los datos que tenemos de la tabla "productos":

CREATE TABLE productos (

      código_producto INT (3) PRIMARY KEY,

      nombre VARCHAR (20),

      precio DOUBLE (5,2),

      tipo VARCHAR (15)

);

Añadamos ahora la columna "id_tienda". Realizaremos esto mediante una modificación de la tabla, definido por la función ALTER TABLE, en la que estableceremos la adicción de una nueva columna mediante la función ADD COLUMN. La cosa quedará tal que así:

ALTER TABLE productos

ADD COLUMN id_tienda INT (5);

Ahora, para vincular la columna "id_tienda" de la tabla "productos" con la columna "identificador" de la tabla "tienda".

Para ello debemos modificar una vez más la tabla "productos" para añadir una nueva restricción de clave foránea mediante la instrucción FOREIGN KEY. Para ello procedemos del siguiente modo:

ALTER TABLE productos

ADD CONSTRAINT FKproductos_tienda

FOREIGN KEY (id_tienda)

REFERENCES tienda(identificador);

Con este código habremos conseguido definir una nueva columna en nuestra tabla "productos" que quedará asociada a la columna "identificador" de la tabla "tienda".

Si pedimos al programa que nos muestre toda la información de la tabla veremos lo siguiente:

SELECT * FROM productos;

	código_producto	nombre	precio	tipo	id_tienda
▶	1	botella de agua	0.75	bebida	NULL
	2	refresco	1.05	bebida	NULL
	3	batido	1.45	bebida	NULL
	4	racimo de plátanos	2.50	fruta	NULL
	5	kiwis kilo	3.10	fruta	NULL
	6	naranjas kilo	2.00	fruta	NULL
	7	chorizo	2.75	embutido	NULL
	8	salchichón	2.95	embutido	NULL
*	NULL	NULL	NULL	NULL	NULL

NUEVA COLUMNA

Como podemos ver, esta columna estará vacía por el momento (en realidad no está vacía, posee valores nulos). Vamos a rellenar la columna con los datos relativos a "id_tienda". Introduciremos valores que coincidirán con los valores de la columna "identificador" de la tabla "tienda". Básicamente, con este valor, le diremos al programa en qué tienda se vende cada producto.

Le daremos valor de 1 si el producto se vende en "Tienda Paco" (valor 1 de la columna "identificador" de la tabla "tienda") y valor de 2 si el producto se vende en "Tienda Antonio" (valor 2 de la columna "identificador" de la tabla "tienda").

Para introducir los valores vamos a crear actualizaciones de la tabla mediante la instrucción UPDATE, utilizando el nombre del producto como condición para asignarle la tienda que deseemos a cada uno.

Por ejemplo, vamos a asignarle la tienda con identificador igual a 1 ("Tienda Paco") al producto "botella de agua":

UPDATE productos

SET id_tienda=1

WHERE nombre='botella de agua';

La tabla quedaría tal que así:

código_producto	nombre	precio	tipo	id_tienda
1	botella de agua	0.75	bebida	1
2	refresco	1.05	bebida	NULL
3	batido	1.45	bebida	NULL
4	racimo de plátanos	2.50	fruta	NULL
5	kiwis kilo	3.10	fruta	NULL
6	naranjas kilo	2.00	fruta	NULL
7	chorizo	2.75	embutido	NULL
8	salchichón	2.95	embutido	NULL
NULL	NULL	NULL	NULL	NULL

Como podemos ver, se ha introducido el valor 1 en la columna "id_tienda" perteneciente al registro cuyo nombre es igual a "botella de agua". Es decir, según esta tabla la tienda 1 ("Tienda Paco") vende el producto "botella de agua".

A continuación procederemos igual con el resto de productos, asignándole una tienda u otra. El código que hemos introducido es el siguiente:

```
UPDATE productos

SET id_tienda=2

WHERE nombre='refresco';


UPDATE productos

SET id_tienda=2

WHERE nombre='batido';


UPDATE productos

SET id_tienda=1

WHERE nombre='racimo de plátanos';
```

```sql
UPDATE productos

SET id_tienda=1

WHERE nombre='kiwis kilo';


UPDATE productos

SET id_tienda=2

WHERE nombre='naranjas kilo';


UPDATE productos

SET id_tienda=1

WHERE nombre='chorizo';


UPDATE productos

SET id_tienda=2

WHERE nombre='salchichón';
```

De modo que la tabla resultante de estas actualizaciones nos quedará de la siguiente forma:

código_producto	nombre	precio	tipo	id_tienda
1	botella de agua	0.75	bebida	1
2	refresco	1.05	bebida	2
3	batido	1.45	bebida	2
4	racimo de plátanos	2.50	fruta	1
5	kiwis kilo	3.10	fruta	1
6	naranjas kilo	2.00	fruta	2
7	chorizo	2.75	embutido	1
8	salchichón	2.95	embutido	2
NULL	NULL	NULL	NULL	NULL

Recordemos que también tenemos nuestra tabla "tienda" y que el valor de "identificador" se corresponde con el de "id_tienda":

identificador	nombre	provincia	localidad
1	Tienda Paco	Sevilla	Sevilla
2	Tienda Antonio	Sevilla	Alcalá
NULL	NULL	NULL	NULL

Ahora vamos a cruzar los datos de ambas tablas. Pidamos al programa que nos proporcione el nombre de todos los productos y la tienda en la que se vende cada uno de ellos:

SELECT productos.nombre, tienda.nombre

FROM productos, tienda

WHERE productos.id_tienda=tienda.identificador;

Con este código le estamos diciendo al programa que nos seleccione los valores de la columna nombre de la tabla "producto" y de la columna "nombre" de la tabla "tienda", teniendo en cuenta que la clave primaria de "tienda" ,"identificador", se corresponde con la clave foránea de "producto", "id_tienda".

Por lo tanto el resultado será una tabla donde se crucen los datos del nombre del producto con la tienda donde se vende, tal y como esta:

nombre	nombre
botella de agua	Tienda Paco
racimo de plátanos	Tienda Paco
kiwis kilo	Tienda Paco
chorizo	Tienda Paco
refresco	Tienda Antonio
batido	Tienda Antonio
naranjas kilo	Tienda Antonio
salchichón	Tienda Antonio

Podemos mejorar esta tabla y hacerla más intuitiva si damos un nombre a cada selección que hagamos con un AS. Por ejemplo:

SELECT productos.nombre AS producto, tienda.nombre AS tienda

FROM productos, tienda

WHERE productos.id_tienda=tienda.identificador;

Ahora obtendremos el siguiente resultado:

poducto	tienda
botella de agua	Tienda Paco
racimo de plátanos	Tienda Paco
kiwis kilo	Tienda Paco
chorizo	Tienda Paco
refresco	Tienda Antonio
batido	Tienda Antonio
naranjas kilo	Tienda Antonio
salchichón	Tienda Antonio

De este modo nos quedará más claro a qué hace referencia cada columna de la tabla de resultado y se comprenderá más fácilmente.

También debemos saber que existe una forma de simplificar esta sintaxis. La forma de simplificarlo es, en el FROM, adjudicar una letra a cada tabla para referirnos a ella mediante esa letra y no tener que referenciarla a través de su nombre completo. La sintaxis sería:

SELECT x.columna, y.columna…

FROM tabla1 x, tabla2 y

WHERE x.clave_primaria=y.clave_ajena;

Si nos fijamos en la línea del FROM, se le ha asignado una "x" a tabla1 y una "y" a tabla2. Cada vez que nos hemos referido a alguna de esas tablas hemos utilizado dichas letras para referirnos a ellas en lugar de su nombre completo.

En el ejemplo anterior, usando este principio, la cosa quedaría así:

SELECT p.nombre, t.nombre

FROM productos p, tienda t

WHERE p.id_tienda=t.identificador;

Funciona igual, solo que hemos utilizado "p" para referirnos a "producto" y "t" para referirnos a "tienda".

Podemos incluir más información en este tipo de estructuras de código para cruzar los datos con otras columnas.

Por ejemplo, preguntémosle al programa cuales son las frutas (tipo = fruta) que se venden y en qué tienda podemos encontrarlas:

SELECT p.nombre AS fruta, t.nombre AS tienda

FROM productos p, tienda t

WHERE p.id_tienda=t.identificador AND p.tipo='fruta';

El resultado será similar a los ejemplos anterior, solo que la selección quedará acotada por el tipo al que pertenezcan los productos, mostrándose únicamente aquellos pertenecientes al tipo "fruta":

	fruta	tienda
▶	racimo de plátanos	Tienda Paco
	kiwis kilo	Tienda Paco
	naranjas kilo	Tienda Antonio

Esto podrá ser complicado tanto como queramos. Pongamos algunos ejemplos…

¿En qué tienda de las afueras de Sevilla (es decir, que la provincia sea igual a "Sevilla" pero que la localidad no sea igual a "Sevilla") podré comprar un batido y a qué precio?

SELECT t.nombre AS tienda, p.precio AS precio

FROM productos p, tienda t

WHERE p.id_tienda=t.identificador AND p.nombre='batido' AND provincia='Sevilla' AND localidad NOT LIKE 'Sevilla';

	tienda	precio
▶	Tienda Antonio	1.45

Este ejemplo es muy similar a todo lo que hemos hecho anteriormente, solo que hemos agregado varias condiciones encadenadas una detrás de otra.

¿Cuál es el precio medio de los productos que se venden en "Tienda Antonio"?

SELECT AVG(p.precio)

FROM tienda t, productos p

WHERE t.identificador=p.id_tienda AND t.nombre='Tienda Antonio';

	AVG(p.precio)
▶	1.862500

Fíjate en que aquí solo le pedimos que nos devuelva un atributo (la media del precio). Sin embargo vamos a acotar la lista de precios a los de aquellos productos que se vendan en "Tienda Antonio", motivo por el cual pedimos que, en el FROM, extraiga los datos de ambas tablas y, en el WHERE, las vinculamos a través de sus respectivas claves primaria y foránea.

¿Cuál es el producto con el precio más alto que se vende en la localidad de Alcalá?

SELECT p.nombre, p.precio

FROM tienda t, productos p

WHERE t.identificador = p.id_tienda AND precio = (SELECT MAX(p.precio) FROM productos p, tienda t WHERE t.identificador = p.id_tienda AND localidad = 'Alcalá');

	nombre	precio
▶	salchichón	2.95

Observa detenidamente lo que hemos hecho en este ejercicio. Una de las condiciones recogidas en el código dice que el "precio" debe ser igual al valor de una consulta que hacemos dentro de la consulta principal. A esto se le llama **SUBCONSULTA** y es extremadamente útil en muchas situaciones.

Primero le pedimos al programa que nos seleccione los atributos "nombre" y "precio" de la tabla "producto".

En el FROM le pedimos que nos extraiga los valores seleccionados de las tablas "tienda" y "productos" y, en la primera condición del WHERE, las enlazamos por medio de sus claves primaria y foránea.

Ahora definimos la segunda condición del WHERE, el valor del atributo "precio", que debe ser igual al resultado de realizar una segunda consulta.

En esta segunda consulta seleccionaremos el precio máximo registrado en la tabla productos. Este es 3,10€ y pertenece al producto "kiwis kilo", el cual se encuentra en la localidad de Sevilla y no en Alcalá.

Debido a este motivo nos vemos obligados a incluir una condición en esta segunda consulta que nos limite el abanico de precios que se van a comparar para obtener el valor máximo a aquellos productos que solo se encuentren en Alcalá.

Para ello debemos enlazar de nuevo las tablas "productos" y "tienda", haciéndolo del mismo modo en que lo hicimos anteriormente y luego, en el WHERE, añadimos una condición que indique que la localidad tiene que ser igual a "Alcalá".

De este modo conseguimos el precio máximo de los productos que se venden en Alcalá, el cual se igualará al valor de precio establecido en la condición de la primera consulta y, al cruzar los datos, obtendremos el resultado que buscamos, dicho precio máximo y el nombre del producto al que pertenece.

20. EJERCICIO FINAL

Para este ejercicio final vamos a crear una base de datos que contenga un conjunto de tablas. Luego introduciremos los datos correspondientes a dichas tablas y, finalmente, realizaremos una serie de consultas. Con ello, vamos a repasar TODO (o prácticamente) lo que hemos visto en este manual.

Seguiremos los siguientes pasos:

Nos conectamos desde el software de cliente (es decir, desde Wokbench) al servidor que gestiona nuestras bases de datos.Desde allí creamos una nueva base de datos y comenzamos a utilizarla:

CREATE DATABASE IF NOT EXISTS NuevaBaseDatos;

USE NuevaBaseDatos;

Ahora vamos a definir las tablas que necesitamos para realizar este ejercicio. Para ello introduciremos los siguientes datos que harán referencia a la creación de la estructura de todas las tablas:

```sql
CREATE TABLE hotel (
      cod_hotel CHAR (5) NOT NULL PRIMARY KEY,
      nombre VARCHAR (25) NOT NULL,
      direccion VARCHAR (25),
      telefono INT (9),
      localidad VARCHAR (15),
      provincia VARCHAR (15)
);




CREATE TABLE pais (
      cod_pais CHAR (5) NOT NULL PRIMARY KEY,
      nombre VARCHAR (25),
      continente VARCHAR (25),
      clubes INT (9)
);




CREATE TABLE salas (
      cod_salas CHAR (5) NOT NULL PRIMARY KEY,
      nombre VARCHAR (25),
      capacidad INT (5),
      medio VARCHAR (25),
      codigo_hotel CHAR (5) NOT NULL,
      CONSTRAINT fksalas_hotel
      FOREIGN KEY (codigo_hotel)
      REFERENCES hotel(cod_hotel)
);
```

```sql
CREATE TABLE participantes (
    num_asoc CHAR (5) NOT NULL PRIMARY KEY,
    nombre VARCHAR (25),
    apellidos VARCHAR (25),
    direccion VARCHAR (25),
    telefono INT (9),
    campeonatos INT (5),
    pais CHAR (5) NOT NULL,
    CONSTRAINT fkparticipantes_pais
    FOREIGN KEY (pais)
    REFERENCES pais (cod_pais)
);

CREATE TABLE jugadores (
    num_asoc CHAR (5) NOT NULL ,
    nivel INT (9) NOT NULL,
    PRIMARY KEY (num_asoc, nivel)
);

CREATE TABLE arbitro (
    num_asoc CHAR (5) NOT NULL PRIMARY KEY
);

CREATE TABLE partida (
    cod_partida CHAR(5) NOT NULL PRIMARY KEY,
    arbitro CHAR (5) NOT NULL,
    CONSTRAINT fkpartida_arbitro
    FOREIGN KEY (arbitro)
    REFERENCES arbitro (num_asoc),
    salas CHAR (5) NOT NULL,
    CONSTRAINT fkpartida_salas
    FOREIGN KEY (salas)
    REFERENCES salas (cod_salas)
);
```

```sql
CREATE TABLE jugar (
    num_asoc CHAR (5) NOT NULL,
    CONSTRAINT fkjugar_jugadores
    FOREIGN KEY (num_asoc)
    REFERENCES jugadores (num_asoc),
    cod_partida CHAR (5) NOT NULL,
    CONSTRAINT fkjugar_partida
    FOREIGN KEY (cod_partida)
    REFERENCES partida (cod_partida),
    color_ficha VARCHAR (20)
);


CREATE TABLE alojar (
    num_asoc CHAR(5) NOT NULL,
    CONSTRAINT fkalojar_participantes
    FOREIGN KEY (num_asoc)
    REFERENCES participantes (num_asoc),
    codigo CHAR (5) NOT NULL,
    CONSTRAINT fkalojar_hotel
    FOREIGN KEY (codigo)
    REFERENCES hotel (cod_hotel),
    fecha_in DATE,
    fecha_out DATE
);


CREATE TABLE representa (
    cod_pais1 CHAR (5) NOT NULL,
    cod_pais2 CHAR (5) NOT NULL,
    PRIMARY KEY (cod_pais1, cod_pais2)
);
```

Ahora que tenemos el código de creación de todas las tablas, hacemos clic en el botón "Ejecutar" para que las mismas se creen. Obtendremos el siguiente resultado:

```
89        FOREIGN KEY (codigo)
90        REFERENCES hotel (cod_hotel),
91        fecha_in DATE,
92        fecha_out DATE
93   );
94
95 ● ▢ CREATE TABLE representa (
96        cod_pais1 CHAR (5) NOT NULL,
97        cod_pais2 CHAR (5) NOT NULL,
98        PRIMARY KEY (cod_pais1, cod_pais2)
99   );
```

Output

#	Time	Action	Message
1	19:30:18	CREATE DATABASE IF NOT EXISTS NuevaBaseDatos	1 row(s) affected
2	19:30:18	USE NuevaBaseDatos	0 row(s) affected
3	19:30:18	CREATE TABLE hotel (cod_hotel CHAR (5) NOT NULL PRIMARY KEY, nombre VARCHA...	0 row(s) affected
4	19:30:19	CREATE TABLE pais (cod_pais CHAR (5) NOT NULL PRIMARY KEY, nombre VARCHAR (...	0 row(s) affected
5	19:30:19	CREATE TABLE salas (cod_salas CHAR (5) NOT NULL PRIMARY KEY, nombre VARCHAR (...	0 row(s) affected
6	19:30:20	CREATE TABLE participantes (num_asoc CHAR (5) NOT NULL PRIMARY KEY, nombre VAR...	0 row(s) affected
7	19:30:20	CREATE TABLE jugadores (num_asoc CHAR (5) NOT NULL , nivel INT (9) NOT NULL, PR...	0 row(s) affected
8	19:30:21	CREATE TABLE arbitro (num_asoc CHAR (5) NOT NULL PRIMARY KEY)	0 row(s) affected
9	19:30:21	CREATE TABLE partida (cod_partida CHAR(5) NOT NULL PRIMARY KEY, arbitro CHAR (5) ...	0 row(s) affected
10	19:30:22	CREATE TABLE jugar (num_asoc CHAR (5) NOT NULL, CONSTRAINT fkjugar_jugadores ...	0 row(s) affected
11	19:30:23	CREATE TABLE alojar (num_asoc CHAR(5) NOT NULL, CONSTRAINT fkalojar_participant...	0 row(s) affected
12	19:30:24	CREATE TABLE representa (cod_pais1 CHAR (5) NOT NULL, cod_pais2 CHAR (5) NOT NUL...	0 row(s) affected

Además, si nos fijamos en la ventana de vista de esquema, veremos que, dentro de nuestra base de datos previamente definida, se han creado las tablas anteriores:

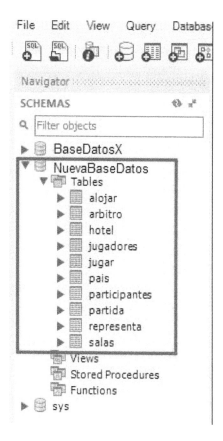

Por supuesto estas tablas están vacías (no contienen ningún dato), motivo por el cual el siguiente paso a seguir será la introducción de los datos pertinentes en el interior de las tablas. Para ello escribimos el siguiente código (he puesto los valores que yo he querido, pero podrás modificarlos a tu antojo si así lo deseas):

```
INSERT INTO hotel VALUES ('h001','hotel central','c/
larga,7','923230101','Lleida','Lleida');

INSERT INTO hotel VALUES ('h002','hotel cappont','c/ rio
ebro,7','923555657','Alcarras','Lleida');

INSERT INTO hotel VALUES ('h003','hotel ilerna','avda
barcelona,13','922211001','Barcelona','Barcelona');

INSERT INTO hotel VALUES ('h004','hotel real','c/
ancha,14','923622558','Lleida','Lleida');

INSERT INTO hotel VALUES ('h005','hostal manzanares','avda
mayor ,30','923455221','bellpuig','Lleida');

INSERT INTO pais VALUES ('p001','rusia','europa',10);

INSERT INTO pais VALUES ('p002','francia','europa',3);

INSERT INTO pais VALUES ('p003','guayana
francesa','america',1); 6
```

```sql
INSERT INTO pais VALUES ('p004','uzbekistan','asia',8);

INSERT INTO pais VALUES ('p005','nigeria','africa',14);

INSERT INTO salas VALUES
('s001','s_euclides',30,'todos','h001');

INSERT INTO salas VALUES
('s002','s_descartes',60,'todos','h001');

INSERT INTO salas VALUES
('s003','s_principal',15,'video','h003');

INSERT INTO salas VALUES
('s004','s_gerona',30,'audio','h004');

INSERT INTO salas VALUES
('s005','s_tarragona',80,'todos','h004');

INSERT INTO participantes VALUES ('001','JOSE LUIS','LOPEZ
VAZQUEZ','c/ guadalquivir,8',955233221,4,'p001');

INSERT INTO participantes VALUES ('002','SERGIO','RAMOS
GARCIA','c/ victoria, 18',955233441,6,'p003');

INSERT INTO participantes VALUES ('003','MICKEY','MOUSE
LOPEZ','c/disney,28',988566998,1,'p002');

INSERT INTO participantes VALUES ('004','DONALD
JOSE','PATO GARCIA','c/gargolas,14',988744552,14,'p004');

INSERT INTO participantes VALUES ('005','LUIS BRAD','PITT
JACKSON',' avda america,1',652255887,8,'p005');
```

```sql
INSERT INTO jugadores VALUES('001',5);

INSERT INTO jugadores VALUES('002',2);

INSERT INTO jugadores VALUES('003',6);

INSERT INTO arbitro VALUES('004');

INSERT INTO arbitro VALUES('005');

INSERT INTO partida VALUES ('par01','004','s001');

INSERT INTO partida VALUES ('par02','004','s002');

INSERT INTO partida VALUES ('par03','005','s001');

INSERT INTO partida VALUES ('par04','005','s005');

INSERT INTO partida VALUES ('par05','004','s003');

INSERT INTO representa VALUES ('p002','p003');

INSERT INTO representa VALUES ('p001','p004');

INSERT INTO jugar VALUES ('001','PAR01','negras');

INSERT INTO jugar VALUES ('002','PAR01','blancas');

INSERT INTO jugar VALUES ('002','PAR02','negras');

INSERT INTO jugar VALUES ('003','PAR02','blancas');
```

INSERT INTO jugar VALUES ('001','PAR03','negras');

INSERT INTO jugar VALUES ('003','PAR03','blancas');

Ejecutamos todo el código anterior y el programa nos mostrará un resultado similar al siguiente:

#	Time	Action	Message
✓	41 20:13:36	INSERT INTO hotel VALUES (h001','hotel central','c/ larga',7','923230101','Lleida','Lleida')	1 row(s) affected
✓	42 20:13:36	INSERT INTO hotel VALUES (h002','hotel capport','c/ rio ebro,7','923555657','Alcarras','Llei...	1 row(s) affected
✓	43 20:13:36	INSERT INTO hotel VALUES (h003','hotel ilerna','avda barcelona,13','922211001','Barcelon...	1 row(s) affected
✓	44 20:13:36	INSERT INTO hotel VALUES (h004','hotel real','c/ ancha,14','923622558','Lleida','Lleida')	1 row(s) affected
✓	45 20:13:37	INSERT INTO hotel VALUES (h005','hostal manzanares','avda mayor,30','923455221','bellp...	1 row(s) affected
✓	46 20:13:37	INSERT INTO pais VALUES (p001','rusia','europa',10)	1 row(s) affected
✓	47 20:13:37	INSERT INTO pais VALUES (p002','francia','europa',3)	1 row(s) affected
✓	48 20:13:37	INSERT INTO pais VALUES (p003','guayana francesa','america',1)	1 row(s) affected
✓	49 20:13:37	INSERT INTO pais VALUES (p004','uzbekistan','asia',8)	1 row(s) affected
✓	50 20:13:37	INSERT INTO pais VALUES (p005','nigeria','africa',14)	1 row(s) affected
✓	51 20:13:37	INSERT INTO salas VALUES ('s001','s_euclides',30,'todos','h001')	1 row(s) affected
✓	52 20:13:37	INSERT INTO salas VALUES ('s002','s_descartes',60,'todos','h001')	1 row(s) affected
✓	53 20:13:37	INSERT INTO salas VALUES ('s003','s_principal',15,'video','h003')	1 row(s) affected
✓	54 20:13:37	INSERT INTO salas VALUES ('s004','s_gerona',30,'audio','h004')	1 row(s) affected
✓	55 20:13:38	INSERT INTO salas VALUES ('s005','s_tarragona',80,'todos','h004')	1 row(s) affected
✓	56 20:13:38	INSERT INTO participantes VALUES ('001','JOSE LUIS','LOPEZ VAZQUEZ','c/ guadalquivir,...	1 row(s) affected
✓	57 20:13:38	INSERT INTO participantes VALUES ('002','SERGIO','RAMOS GARCIA','c/ victoria, 18',955...	1 row(s) affected
✓	58 20:13:38	INSERT INTO participantes VALUES ('003','MICKEY','MOUSE LOPEZ','c/disney,28',988566...	1 row(s) affected
✓	59 20:13:38	INSERT INTO participantes VALUES ('004','DONALD JOSE','PATO GARCIA','c/gargolas,14'...	1 row(s) affected
✓	60 20:13:38	INSERT INTO participantes VALUES ('005','LUIS BRAD','PITT JACKSON',' avda america,1',...	1 row(s) affected

Llegados a este punto ya tenemos todas las tablas que necesitamos con toda la información requerida introducida en su interior.

Ahora vamos a realizar consultas sobre esta información.

Se mostrarán a continuación un total de 15 enunciados, con sus respectivas respuestas, algunas de las cuales estarán acompañadas de capturas de pantalla para que puedas corroborar los resultados.

Mi consejo es que intentes resolver las cuestiones planteadas tú mismo antes de mirar los resultados.

¡Vamos allá!

1.- LISTA TODOS LOS HOTELES DE LLEIDA

SELECT nombre

FROM hotel

WHERE provincia = 'Lleida';

2.- LISTA TODOS LOS HOTELES DE LA BASE DE DATOS

SELECT nombre

FROM hotel

WHERE nombre LIKE 'hotel%';

3.- LISTAR NOMBRE, DIRECCION Y LOCALIDAD DE AQUELLOS HOTELES QUE PERTENECEN A LA PROVINCIA DE LLEIDA PERO NO A LA CIUDAD DE LLEIDA

SELECT nombre, direccion, localidad

FROM hotel

WHERE provincia = 'Lleida' AND localidad NOT LIKE 'Lleida';

4. DESEAMOS CONOCER AQUELLAS SALAS QUE DISPONEN DE TODOS LOS MEDIOS Y QUE TIENEN UNA CAPACIDAD MENOR DE 50.

SELECT nombre

FROM salas

WHERE medio = 'todos' AND capacidad < 50;

5. ¿CUANTAS SALAS DISPONEN DE TODOS LOS MEDIOS?

SELECT COUNT(*)

FROM salas

WHERE medio = 'todos';

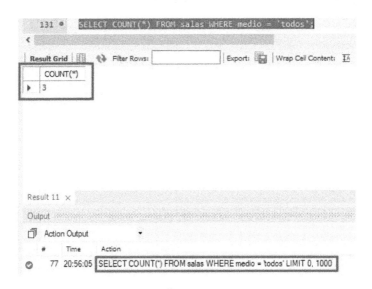

6.- ¿CUANTOS PAISES TENEMOS ALMACENADOS POR CADA CONTINENTE?

SELECT continente, COUNT(nombre)

FROM pais

GROUP BY continente;

7.- DESEAMOS SABER EL NOMBRE Y LOS APELLIDOS DEL JUGADOR CON NIVEL DE JUEGO 5

SELECT participantes.nombre, participantes.apellidos

FROM participantes, jugadores

WHERE participantes.num_asoc=jugadores.num_asoc AND jugadores.nivel='5';

8.- LISTAR TODOS LOS DATOS PERSONALES DE LOS ARBITROS

SELECT participantes.nombre, participantes.apellidos, participantes.direccion, participantes.telefono

FROM participantes, arbitro

WHERE participantes.num_asoc=arbitro.num_asoc;

9.- DESEAMOS CONOCER LOS DATOS DE AQUELLOS HOTELES SITUADO EN AVENIDAS

SELECT nombre, direccion, telefono, localidad provincia

FROM hotel

WHERE direccion LIKE 'avda%';

10.- DESEAMOS CONOCER EL NOMBRE DE TODOS LOS PAISES REPRESENTADOS Y EL QUE LO REPRESENTA

SELECT p1.nombre AS representante, p2.nombre AS representado

FROM pais p1, representa r, pais p2

WHERE p1.cod_pais = r.cod_pais1 AND p2.cod_pais = r.cod_pais2;

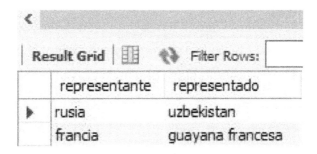

11.- DESEAMOS CALCULAR LA MEDIA DE CLUBES ENTRE LOS PAISES QUE PARTICIPAN EN EL CAMPEONATO

SELECT AVG(clubes)

FROM pais;

12.- ¿CUANTOS PARTICIPANTES CABEN EN CADA HOTEL?

SELECT hotel.nombre, SUM(capacidad)

FROM hotel, salas

WHERE hotel.cod_hotel = salas.codigo_hotel

GROUP BY nombre;

13. ¿CUANTAS PARTIDAS HAN ARBITRADO CADA ARBITRO?

SELECT participantes.nombre, participantes.apellidos,

COUNT(nombre)

FROM participantes, partida

WHERE participantes.num_asoc=partida.arbitro

GROUP BY nombre;

14.- ¿NOMBRE DE LOS JUGADORES QUE HAN JUGADO ALGUNA VEZ CON LAS FICHAS NEGRAS?

SELECT DISTINCT participantes.nombre,
participantes.apellidos

FROM participantes, jugar

WHERE participantes.num_asoc=jugar.num_asoc AND
color_ficha LIKE 'negras';

15.- DESEAMOS CONOCER EL NOMBRE DE LAS SALAS QUE DISPONE EL HOTEL CENTRAL ORDENADO POR CAPACIDAD DE FORMA DESCENDENTE.

SELECT salas.nombre

FROM hotel INNER JOIN salas ON cod_hotel=codigo_hotel

WHERE hotel.nombre = 'hotel central'

ORDER BY capacidad DESC;

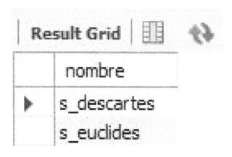

21. DESPEDIDA

Hasta aquí hemos visto todos los conceptos básicos que se han considerado necesarios para iniciarse en el tratamiento de las bases de datos mediante el uso del lenguaje SQL.

Por supuesto esto es solo una base. Los conocimientos relativos al uso de MySQL son mucho más amplios, pero con el material que hemos estudiado a lo largo de este manual habremos aprendido lo suficiente como para poder decir que conocemos la sintaxis básica del lenguaje SQL e, igualmente, nos habrá servido para hacernos una idea general de la forma en que se trabaja con este sistema de gestión de base de datos.

Por supuesto, si quieres aprender más sobre este tema, te animo a que continúes tu estudio y amplíes tus conocimientos con documentación más avanzados y, por supuesto, continuando con la práctica.

¡Ánimo y buena suerte!

www.ingramcontent.com/pod-product-compliance
Lightning Source LLC
Chambersburg PA
CBHW051057050326
40690CB00006B/750